TRANZLATY

Language is for everyone

Jazyk je pro každého

Aladdin and the Wonderful Lamp

Aladin a Nádherná Lampa

Antoine Galland

English / Čeština

Copyright © 2025 Tranzlaty
All rights reserved
Published by Tranzlaty
ISBN: 978-1-83566-917-4
Original text by Antoine Galland
From *"Les mille et une nuits"*
First published in French in 1704
Taken from The Blue Fairy Book
Collected and translated by Andrew Lang
www.tranzlaty.com

Once upon a time there lived a poor tailor
Žil jednou jeden chudý krejčí
this poor tailor had a son called Aladdin
tento chudý krejčí měl syna jménem Aladdin
Aladdin was a careless, idle boy who did nothing
Aladdin byl nedbalý, nečinný chlapec, který nic nedělal
although, he did like to play ball all day long
i když celý den rád hrál s míčem
this he did in the streets with other little idle boys
to dělal v ulicích s jinými malými nečinnými chlapci
This so grieved the father that he died
To otce tak zarmoutilo, že zemřel
his mother cried and prayed, but nothing helped
jeho matka plakala a modlila se, ale nic nepomáhalo
despite her pleading, Aladdin did not mend his ways
přes její prosbu Aladdin své způsoby nenapravil
One day, Aladdin was playing in the streets, as usual
Jednoho dne hrál Aladdin v ulicích, jako obvykle
a stranger asked him his age
cizinec se ho zeptal na jeho věk
and he asked him, "are you not the son of Mustapha the tailor?"
a zeptal se ho: "Nejsi synem krejčího Mustafy?"
"I am the son of Mustapha, sir," replied Aladdin
"Jsem syn Mustafy, pane," odpověděl Aladdin
"but he died a long time ago"
"ale zemřel už dávno"
the stranger was a famous African magician
cizinec byl slavný africký kouzelník
and he fell on his neck and kissed him
a padl mu na krk a políbil ho
"I am your uncle," said the magician
"Jsem tvůj strýc," řekl kouzelník
"I knew you from your likeness to my brother"
"Znal jsem tě podle tvé podoby mého bratra."
"Go to your mother and tell her I am coming"
"Jdi za svou matkou a řekni jí, že přijdu"

Aladdin ran home and told his mother of his newly found uncle
Aladdin běžel domů a řekl matce o svém nově nalezeném strýci
"Indeed, child," she said, "your father had a brother"
"Vskutku, dítě," řekla, "váš otec měl bratra."
"but I always thought he was dead"
"ale vždycky jsem si myslel, že je mrtvý"
However, she prepared supper for the visitor
Pro návštěvu však připravila večeři
and she bade Aladdin to seek his uncle
a nařídila Aladinovi, aby vyhledal svého strýce
Aladdin's uncle came laden with wine and fruit
Aladinův strýc přišel naložený vínem a ovocem
He fell down and kissed the place where Mustapha used to sit
Spadl na zem a políbil místo, kde sedával Mustapha
and he bid Aladdin's mother not to be surprised
a vyzval Aladinovu matku, aby nebyla překvapena
he explained he had been out of the country for forty years
vysvětlil, že byl mimo zemi čtyřicet let
He then turned to Aladdin and asked him his trade
Potom se obrátil k Aladinovi a zeptal se ho na jeho obchod
but the boy hung his head in shame
ale chlapec hanbou svěsil hlavu
and his mother burst into tears
a jeho matka propukla v pláč
so Aladdin's uncle offered to provide food
tak se Aladinův strýc nabídl, že poskytne jídlo
The next day he bought Aladdin a fine set of clothes
Druhý den koupil Aladinovi pěkné oblečení
and he took him all over the city
a vzal ho po celém městě
he showed him the sights of the city
ukázal mu památky města
at nightfall he brought him home to his mother
za soumraku ho přivedl domů k matce

his mother was overjoyed to see her son so well dressed
jeho matka byla nadšená, když viděla svého syna tak dobře oblečeného
The next day the magician led Aladdin into some beautiful gardens
Další den zavedl kouzelník Aladina do několika krásných zahrad
this was a long way outside the city gates
bylo to daleko za branami města
They sat down by a fountain
Posadili se u fontány
and the magician pulled a cake from his girdle
a kouzelník vytáhl z opasku dort
he divided the cake between the two of them
rozdělil dort mezi ně
Then they journeyed onward till they almost reached the mountains
Pak šli dál, až téměř dosáhli hor
Aladdin was so tired that he begged to go back
Aladdin byl tak unavený, že prosil, aby se vrátil
but the magician beguiled him with pleasant stories
ale kouzelník ho očaroval příjemnými příběhy
and he led him on in spite of his laziness
a vedl ho dál i přes jeho lenost
At last they came to two mountains
Konečně došli ke dvěma horám
the two mountains were divided by a narrow valley
obě hory dělilo úzké údolí
"We will go no farther," said the false uncle
"Dále nepůjdeme," řekl falešný strýc
"I will show you something wonderful"
"Ukážu ti něco úžasného"
"gather up sticks, while I kindle a fire"
"sbírejte klacky, zatímco já zapaluji oheň"
When the fire was lit the magician threw a powder on it
Když byl oheň zapálen, kouzelník na něj hodil prášek
and he said some magical words

a řekl nějaká kouzelná slova
The earth trembled a little and opened in front of them
Země se trochu zachvěla a otevřela se před nimi
a square flat stone revealed itself
odhalil se čtvercový plochý kámen
and in the middle of the stone was a brass ring
a uprostřed kamene byl mosazný prsten
Aladdin tried to run away
Aladdin se pokusil utéct
but the magician caught him
ale kouzelník ho chytil
and gave him a blow that knocked him down
a dal mu ránu, která ho srazila dolů
"What have I done, uncle?" he said, piteously
"Co jsem udělal, strýčku?" řekl žalostně
the magician said more kindly, "Fear nothing, but obey me"
kouzelník řekl laskavěji: "Ničeho se neboj, ale poslouchej mě."
"Beneath this stone lies a treasure which is to be yours"
"Pod tímto kamenem leží poklad, který má být tvůj."
"and no one else may touch this treasure"
"a nikdo jiný se nesmí dotknout tohoto pokladu"
"so you must do exactly as I tell you"
"takže musíš dělat přesně to, co ti říkám"
At the mention of treasure Aladdin forgot his fears
Při zmínce o pokladu Aladdin zapomněl na své obavy
he grasped the ring as he was told
uchopil prsten, jak mu bylo řečeno
and he said the names of his father and grandfather
a řekl jména svého otce a dědečka
The stone came up quite easily
Kámen se dostal docela snadno
and some steps appeared in front of them
a objevily se před nimi nějaké kroky
"Go down," said the magician
"Jdi dolů," řekl kouzelník
"at the foot of those steps you will find an open door"
"na úpatí těch schodů najdeš otevřené dveře"

"the door leads into three large halls"
"dveře vedou do tří velkých sálů"
"Tuck up your gown and go through the halls"
"Stáhněte si šaty a projděte chodbami"
"make sure not to touch anything"
"ujistěte se, že se ničeho nedotknete"
"if you touch anything, you will instantly die"
"Pokud se něčeho dotkneš, okamžitě zemřeš"
"These halls lead into a garden of fine fruit trees"
"Tyto síně vedou do zahrady krásných ovocných stromů"
"Walk on until you reach a gap in the terrace"
"Jděte dál, dokud nedosáhnete mezery na terase"
"there you will see a lighted lamp"
"tam uvidíš rozsvícenou lampu"
"Pour out the oil of the lamp"
"Vylijte olej z lampy"
"and then bring me the lamp"
"a pak mi přines lampu"
He drew a ring from his finger and gave it to Aladdin
Vytáhl z prstu prsten a dal ho Aladinovi
and he bid him to prosper
a vyzval ho, aby prosperoval
Aladdin found everything as the magician had said
Aladdin našel všechno, jak kouzelník řekl
he gathered some fruit off the trees
nasbíral nějaké ovoce ze stromů
and, having got the lamp, he arrived at the mouth of the cave
a když vzal lampu, dorazil k ústí jeskyně
The magician cried out in a great hurry
Kouzelník vykřikl ve velkém spěchu
"Make haste and give me the lamp"
"Pospěš si a dej mi lampu"
Aladdin refused to do this until he was out of the cave
Aladdin to odmítl udělat, dokud nebude z jeskyně
The magician flew into a terrible rage
Kouzelník propukl v hrozný vztek
he threw some more powder on to the fire

hodil do ohně ještě trochu prášku
and then he cast another magic spell
a pak seslal další magické kouzlo
and the stone rolled back into its place
a kámen se odvalil zpět na své místo
The magician left Persia for ever
Kouzelník navždy opustil Persii
this plainly showed that he was no uncle of Aladdin's
to jasně ukázalo, že nebyl Aladinův strýc
what he really was was a cunning magician
co ve skutečnosti byl, byl mazaný kouzelník
a magician who had read of a magic lamp
kouzelník, který četl o kouzelné lampě
a magic lamp which would make him the most powerful man in the world
kouzelná lampa, která z něj udělá nejmocnějšího muže na světě
but he alone knew where to find the magic lamp
ale on jediný věděl, kde najde kouzelnou lampu
and he could only receive the magic lamp from the hand of another
a kouzelnou lampu mohl přijmout pouze z ruky někoho jiného
He had picked out the foolish Aladdin for this purpose
Pro tento účel si vybral pošetilého Aladina
he had intended to get the magical lamp and kill him afterwards
měl v úmyslu získat kouzelnou lampu a poté ho zabít
For two days Aladdin remained in the dark
Dva dny zůstal Aladdin ve tmě
he cried and lamented his situation
plakal a naříkal nad svou situací
At last he clasped his hands in prayer
Nakonec sepjal ruce v modlitbě
and in so doing he rubbed the ring
a přitom třel prsten
the magician had forgotten to take the ring back from him

kouzelník mu zapomněl vzít prsten zpět
Immediately an enormous and frightful genie rose out of the earth
Ze země se okamžitě zvedl obrovský a děsivý džin
"What would thou have me do?"
"Co chceš, abych udělal?"
"I am the Slave of the Ring"
"Jsem otrok prstenu"
"and I will obey thee in all things"
"a budu tě poslouchat ve všem"
Aladdin fearlessly replied: "Deliver me from this place!"
Aladdin neohroženě odpověděl: "Vysvoboď mě z tohoto místa!"
and the earth opened above him
a země se nad ním otevřela
and he found himself outside
a ocitl se venku
As soon as his eyes could bear the light he went home
Jakmile jeho oči snesly světlo, šel domů
but he fainted when he got there
ale když tam přišel, omdlel
When he came to himself he told his mother what had happened
Když přišel k sobě, řekl matce, co se stalo
and he showed her the lamp
a ukázal jí lampu
and he showed her the fruits he had gathered in the garden
a ukázal jí plody, které nasbíral v zahradě
the fruits were, in reality, precious stones
plody byly ve skutečnosti drahé kameny
He then asked for some food
Pak požádal o nějaké jídlo
"Alas! child," she said
"Běda, dítě," řekla
"I have no food in the house"
"Nemám doma žádné jídlo"
"but I have spun a little cotton"

"ale napřed jsem trochu bavlny"
"and I will go and sell the cotton"
"a půjdu prodat bavlnu"
Aladdin bade her keep her cotton
Aladdin jí přikázal, aby si nechala bavlnu
he told her he would sell the magic lamp instead of the cotton
řekl jí, že místo bavlny prodá kouzelnou lampu
As it was very dirty she began to rub the magic lamp
Protože byla velmi špinavá, začala třít kouzelnou lampu
a clean magic lamp might fetch a higher price
čistá kouzelná lampa může mít vyšší cenu
Instantly a hideous genie appeared
Okamžitě se objevil odporný džin
he asked what she would like to have
zeptal se, co by si přála
at the sight of the genie she fainted
při pohledu na džina omdlela
but Aladdin, snatching the magic lamp, said boldly:
ale Aladdin popadl kouzelnou lampu a řekl odvážně:
"Fetch me something to eat!"
"Přines mi něco k jídlu!"
The genie returned with a silver bowl
Džin se vrátil se stříbrnou miskou
he had twelve silver plates containing rich meats
měl dvanáct stříbrných talířů obsahujících bohaté maso
and he had two silver cups and two bottles of wine
a měl dva stříbrné poháry a dvě láhve vína
Aladdin's mother, when she came to herself, said:
Aladinova matka, když přišla k sobě, řekla:
"Whence comes this splendid feast?"
"Odkud pochází tato skvělá hostina?"
"Ask not where this food came from, but eat, mother," replied Aladdin
"Neptej se, odkud se to jídlo vzalo, ale jez, matko," odpověděl Aladdin
So they sat at breakfast till it was dinner-time

Tak seděli u snídaně, dokud nebyla večeře
and Aladdin told his mother about the magic lamp
a Aladdin řekl matce o kouzelné lampě
She begged him to sell the magic lamp
Prosila ho, aby prodal kouzelnou lampu
"let us have nothing to do with devils"
"Nemějme nic společného s ďábly"
but Aladdin had thought it would be wiser to use the magic lamp
ale Aladdin si myslel, že by bylo moudřejší použít kouzelnou lampu
"chance hath made us aware of the magic lamp's virtues"
"náhoda nás přiměla uvědomit si přednosti kouzelné lampy"
"we will use the magic lamp, and we will use the ring"
"použijeme kouzelnou lampu a použijeme prsten"
"I shall always wear the ring on my finger"
"Vždycky budu nosit prsten na prstu"
When they had eaten all the genie had brought, Aladdin sold one of the silver plates
Když snědli všechen džin, který přinesli, Aladdin prodal jeden ze stříbrných talířů
and when he needed money again he sold the next plate
a když znovu potřeboval peníze, prodal další talíř
he did this until no plates were left
dělal to, dokud nezůstaly žádné talíře
He then made another wish to the genie
Pak vyslovil další přání džinovi
and the genie gave him another set of plates
a džin mu dal další sadu talířů
and in this way they lived for many years
a takto žili mnoho let
One day Aladdin heard an order from the Sultan
Jednoho dne uslyšel Aladdin rozkaz od sultána
everyone was to stay at home and close their shutters
všichni měli zůstat doma a zavřít okenice
the Princess was going to and from her bath
princezna odcházela do koupele a zpět

Aladdin was seized by a desire to see her face
Aladdina popadla touha vidět její tvář
although it was very difficult to see her face
i když bylo velmi těžké vidět její tvář
because everywhere she went she wore a veil
protože všude, kam šla, nosila závoj
He hid himself behind the door of the bath
Skryl se za dveřmi vany
and he peeped through a chink in the door
a nakoukl škvírou ve dveřích
The Princess lifted her veil as she went in to the bath
Princezna si zvedla závoj, když vešla do vany
and she looked so beautiful that Aladdin instantly fell in love with her
a vypadala tak krásně, že se do ní Aladdin okamžitě zamiloval
He went home so changed that his mother was frightened
Šel domů tak změněný, že se jeho matka lekla
He told her he loved the Princess so deeply that he could not live without her
Řekl jí, že princeznu tak hluboce miluje, že bez ní nemůže žít
and he wanted to ask her in marriage of her father
a chtěl ji požádat o sňatek jejího otce
His mother, on hearing this, burst out laughing
Když to jeho matka slyšela, propukla v smích
but Aladdin finally convinced her to go to the Sultan
ale Aladdin ji nakonec přesvědčil, aby šla k sultánovi
and she was going to carry his request
a ona hodlala splnit jeho žádost
She fetched a napkin and laid in it the magic fruits
Vzala ubrousek a položila do něj kouzelné ovoce
the magic fruits from the enchanted garden
kouzelné plody z kouzelné zahrady
the fruits sparkled and shone like the most beautiful jewels
plody jiskřily a zářily jako ty nejkrásnější drahokamy
She took the magic fruits with her to please the Sultan
Vzala s sebou kouzelné ovoce, aby potěšila sultána
and she set out, trusting in the lamp

a vydala se, důvěřujíc lampě
The Grand Vizier and the lords of council had just gone into the palace
Velký vezír a lordi rady právě vešli do paláce
and she placed herself in front of the Sultan
a postavila se před sultána
He, however, took no notice of her
On si jí však nevšímal
She went every day for a week
Chodil každý den po dobu jednoho týdne
and she stood in the same place
a stála na stejném místě
When the council broke up on the sixth day the Sultan said to his Vizier:
Když se rada šestého dne rozešla, řekl sultán svému vezírovi:
"I see a certain woman in the audience-chamber every day"
"Každý den vidím v sále určitou ženu"
"she is always carrying something in a napkin"
"pořád něco nosí v ubrousku"
"Call her to come to us, next time"
"Příště jí zavolej, aby přišla k nám"
"so that I may find out what she wants"
"abych zjistil, co chce"
Next day the Vizier gave her a sign
Další den jí dal vezír znamení
she went up to the foot of the throne
vystoupila až k úpatí trůnu
and she remained kneeling till the Sultan spoke to her
a zůstala klečet, dokud na ni sultán nepromluvil
"Rise, good woman, tell me what you want"
"Vstaň, dobrá ženo, řekni mi, co chceš."
She hesitated, so the Sultan sent away all but the Vizier
Zaváhala, a tak sultán poslal pryč všechny kromě vezíra
and he bade her to speak frankly
a vyzval ji, aby mluvila upřímně
and he promised to forgive her for anything she might say
a slíbil, že jí odpustí cokoliv, co řekne

She then told him of her son's great love for the Princess
Poté mu řekla o velké lásce svého syna k princezně
"I prayed for him to forget her," she said
"Modlila jsem se, aby na ni zapomněl," řekla
"but my prayers were in vain"
"ale moje modlitby byly marné"
"he threatened to do some desperate deed if I refused to go"
"vyhrožoval, že udělá nějaký zoufalý čin, když odmítnu jít"
"and so I ask your Majesty for the hand of the Princess"
"a tak žádám Vaše Veličenstvo o ruku princezny"
"but now I pray you to forgive me"
"ale teď se modlím, abys mi odpustil"
"and I pray that you forgive my son Aladdin"
"A modlím se, abys odpustil mému synovi Aladinovi"
The Sultan asked her kindly what she had in the napkin
Sultán se jí laskavě zeptal, co má v ubrousku
so she unfolded the napkin
tak rozložila ubrousek
and she presented the jewels to the Sultan
a darovala drahokamy sultánovi
He was thunderstruck by the beauty of the jewels
Byl ohromen krásou drahokamů
and he turned to the Vizier and asked, "What sayest thou?"
obrátil se k vezírovi a zeptal se: "Co říkáš?"
"Ought I not to bestow the Princess on one who values her at such a price?"
"Neměl bych princeznu obdarovat toho, kdo si jí váží za takovou cenu?"
The Vizier wanted her for his own son
Vezír ji chtěl pro vlastního syna
so he begged the Sultan to withhold her for three months
tak prosil sultána, aby ji na tři měsíce zadržel
perhaps within the time his son would contrive to make a richer present
možná v době, kdy jeho syn vymyslí bohatší dárek
The Sultan granted the wish of his Vizier
Sultán splnil přání svého vezíra

and he told Aladdin's mother that he consented to the marriage
a řekl Aladinově matce, že souhlasí se sňatkem
but she was not allowed appear before him again for three months
ale nesměla se před ním znovu objevit po dobu tří měsíců
Aladdin waited patiently for nearly three months
Aladdin trpělivě čekal téměř tři měsíce
after two months had elapsed his mother went to go to the market
po dvou měsících šla jeho matka na trh
she was going into the city to buy oil
šla do města koupit ropu
when she got to the market she found every one rejoicing
když se dostala na trh, zjistila, že se všichni radují
so she asked what was going on
tak se zeptala, co se děje
"Do you not know?" was the answer
"Ty nevíš?" byla odpověď
"the son of the Grand Vizier is to marry the Sultan's daughter tonight"
"Syn velkovezíra si má dnes večer vzít sultánovu dceru"
Breathless, she ran and told Aladdin
Bez dechu běžela a řekla to Aladinovi
at first Aladdin was overwhelmed
nejprve byl Aladdin ohromen
but then he thought of the magic lamp and rubbed it
ale pak si vzpomněl na kouzelnou lampu a otřel ji
once again the genie appeared out of the lamp
znovu se z lampy objevil džin
"What is thy will?" asked the genie
"Jaká je tvá vůle?" zeptal se džin
"The Sultan, as thou knowest, has broken his promise to me"
"Sultán, jak víte, porušil svůj slib, který mi dal."
"the Vizier's son is to have the Princess"
"Vízírův syn má mít princeznu"
"My command is that tonight you bring the bride and

bridegroom"
"Můj příkaz je, že dnes večer přivedeš nevěstu a ženicha"
"Master, I obey," said the genie
"Mistře, poslouchám," řekl džin
Aladdin then went to his chamber
Aladdin pak odešel do své komnaty
sure enough, at midnight the genie transported a bed
jistě, o půlnoci džin přenesl postel
and the bed contained the Vizier's son and the Princess
a postel obsahovala vezírova syna a princeznu
"Take this new-married man, genie," he said
"Vezmi si tohoto novomanžele, džinku," řekl
"put him outside in the cold for the night"
"Dej ho na noc ven do mrazu"
"then return the couple again at daybreak"
"pak vrať pár znovu za úsvitu"
So the genie took the Vizier's son out of bed
Džin tedy vzal vezírova syna z postele
and he left Aladdin with the Princess
a nechal Aladina s princeznou
"Fear nothing," Aladdin said to her, "you are my wife"
"Ničeho se neboj," řekl jí Aladdin, "ty jsi moje žena"
"you were promised to me by your unjust father"
"slíbil mi tě tvůj nespravedlivý otec"
"and no harm shall come to you"
"a nic se ti nestane"
The Princess was too frightened to speak
Princezna se příliš bála mluvit
and she passed the most miserable night of her life
a prožila nejubožejší noc svého života
although Aladdin lay down beside her and slept soundly
ačkoli Aladdin si lehl vedle ní a tvrdě spal
At the appointed hour the genie fetched in the shivering bridegroom
V určenou hodinu džin přivedl třesoucího se ženicha
he laid him in his place
položil ho na jeho místo

and he transported the bed back to the palace
a přenesl postel zpět do paláce
Presently the Sultan came to wish his daughter good-morning
Zanedlouho přišel sultán popřát své dceři dobré ráno
The unhappy Vizier's son jumped up and hid himself
Nešťastný vezírův syn vyskočil a schoval se
and the Princess would not say a word
a princezna neřekla ani slovo
and she was very sorrowful
a byla velmi smutná
The Sultan sent her mother to her
Sultán k ní poslal její matku
"Why will you not speak to your father, child?"
"Proč nepromluvíš se svým otcem, dítě?"
"What has happened?" she asked
"Co se stalo?" zeptala se
The Princess sighed deeply
Princezna si zhluboka povzdechla
and at last she told her mother what had happened
a nakonec řekla matce, co se stalo
she told her how the bed had been carried into some strange house
řekla jí, jak byla postel přenesena do nějakého podivného domu
and she told of what had happened in the house
a vyprávěla o tom, co se v domě stalo
Her mother did not believe her in the least
Její matka jí ani v nejmenším nevěřila
and she bade her to consider it an idle dream
a vyzvala ji, aby to považovala za planý sen
The following night exactly the same thing happened
Následující noc se stalo přesně to samé
and the next morning the princess wouldn't speak either
a další ráno princezna také nemluvila
on the Princess's refusal to speak, the Sultan threatened to cut off her head

když princezna odmítla mluvit, sultán jí pohrozil, že jí usekne hlavu
She then confessed all that had happened
Poté se přiznala ke všemu, co se stalo
and she bid him to ask the Vizier's son
a vyzvala ho, aby se zeptal vezíra syna
The Sultan told the Vizier to ask his son
Sultán řekl vezírovi, aby požádal svého syna
and the Vizier's son told the truth
a vezírův syn řekl pravdu
he added that he dearly loved the Princess
dodal, že princeznu vroucně miloval
"but I would rather die than go through another such fearful night"
"ale raději bych zemřel, než abych prožil další tak děsivou noc"
and he wished to be separated from her, which was granted
a přál si být od ní oddělen, což mu bylo vyhověno
and then there was an end to the feasting and rejoicing
a pak už byl konec hodování a radování
then the three months were over
pak ty tři měsíce skončily
Aladdin sent his mother to remind the Sultan of his promise
Aladdin poslal svou matku, aby sultánovi připomněla jeho slib
She stood in the same place as before
Stála na stejném místě jako předtím
the Sultan had forgotten Aladdin
sultán zapomněl na Aladina
but at once he remembered him again
ale hned si na něj znovu vzpomněl
and he asked for her to come to him
a požádal ji, aby k němu přišla
On seeing her poverty the Sultan felt less inclined than ever to keep his word
Když sultán viděl její chudobu, cítil se méně nakloněn dodržet slovo

and he asked his Vizier's advice
a zeptal se svého vezíra na radu
he counselled him to set a high value on the Princess
poradil mu, aby na princeznu kladl vysokou hodnotu
a price so high that no man alive could come afford her
cenu tak vysokou, že si ji žádný živý muž nemohl dovolit
The Sultan then turned to Aladdin's mother, saying:
Sultán se pak obrátil k Aladinově matce a řekl:
"Good woman, a Sultan must remember his promises"
"Dobrá žena, sultán si musí pamatovat své sliby"
"and I will remember my promise"
"a budu si pamatovat svůj slib"
"but your son must first send me forty basins of gold"
"ale tvůj syn mi musí nejdřív poslat čtyřicet misek zlata"
"and the gold basins must be full of jewels"
"a zlaté mísy musí být plné drahokamů"
"and they must be carried by forty black camels"
"a musí je nést čtyřicet černých velbloudů"
"and in front of each black camel there is to be a white camel"
"a před každým černým velbloudem musí být bílý velbloud"
"and all the camels are to be splendidly dressed"
"a všichni velbloudi mají být skvěle oblečeni"
"Tell him that I await his answer"
"Řekni mu, že čekám na jeho odpověď"
The mother of Aladdin bowed low
Aladinova matka se hluboce uklonila
and then she went home
a pak šla domů
although she thought all was lost
i když si myslela, že je vše ztraceno
She gave Aladdin the message
Dala Aladinovi zprávu
and she added, "He may wait long enough for your answer!"
a dodala: "Může na vaši odpověď čekat dost dlouho!"
"Not so long as you think, mother," her son replied
"Ne tak dlouho, jak si myslíš, matko," odpověděl její syn

"I would do a great deal more than that for the Princess"
"Udělal bych pro princeznu mnohem víc než to."
and he summoned the genie again
a znovu přivolal džina
and in a few moments the eighty camels arrived
a za pár okamžiků dorazilo osmdesát velbloudů
and they took up all space in the small house and garden
a zabrali veškerý prostor v malém domku a zahradě
Aladdin made the camels set out to the palace
Aladdin přiměl velbloudy, aby vyrazili do paláce
and the camels were followed by his mother
a velbloudy následovala jeho matka
The camels were very richly dressed
Velbloudi byli velmi bohatě oblečení
and splendid jewels were on the girdles of the camels
a na pásech velbloudů byly nádherné drahokamy
and everyone crowded around to see the camels
a všichni se nahrnuli, aby viděli velbloudy
and they saw the basins of gold the camels carried on their backs
a viděli zlaté mísy, které velbloudi nesli na zádech
They entered the palace of the Sultan
Vstoupili do sultánského paláce
and the camels kneeled before him in a semi circle
a velbloudi před ním klečeli v půlkruhu
and Aladdin's mother presented the camels to the Sultan
a Aladinova matka darovala velbloudy sultánovi
He hesitated no longer, but said:
Už neváhal, ale řekl:
"Good woman, return to your son"
"Dobrá žena, vrať se ke svému synovi"
"tell him that I wait for him with open arms"
"řekni mu, že na něj čekám s otevřenou náručí"
She lost no time in telling Aladdin
Neztrácela čas, když to řekla Aladinovi
and she bid him to make haste
a vyzvala ho, aby si pospíšil

But Aladdin first called for the genie
Ale Aladdin nejprve zavolal džina
"I want a scented bath," he said
"Chci voňavou koupel," řekl
"and I want a horse more beautiful than the Sultan's"
"A já chci koně krásnějšího než sultánův"
"and I want twenty servants to attend to me"
"a chci, aby se mi věnovalo dvacet sluhů"
"and I also want six beautifully dressed servants to wait on my mother"
"A také chci, aby na mou matku čekalo šest krásně oblečených služebníků"
"and lastly, I want ten thousand pieces of gold in ten purses"
"a nakonec chci deset tisíc kusů zlata v deseti peněženkách"
No sooner had he said what he wanted and it was done
Sotva řekl, co chtěl, a bylo hotovo
Aladdin mounted his beautiful horse
Aladdin nasedl na svého krásného koně
and he passed through the streets
a procházel ulicemi
the servants cast gold into the crowd as they went
služebníci házeli zlato do davu, jak šli
Those who had played with him in his childhood knew him not
Ti, kteří si s ním v dětství hráli, ho neznali
he had grown very handsome
stal se velmi pohledným
When the Sultan saw him he came down from his throne
Když ho sultán uviděl, sestoupil ze svého trůnu
he embraced his new son-in-law with open arms
objal svého nového zetě s otevřenou náručí
and he led him into a hall where a feast was spread
a zavedl ho do síně, kde se konala hostina
he intended to marry him to the Princess that very day
měl v úmyslu ho ještě toho dne provdat za princeznu
But Aladdin refused to marry straight away
Ale Aladdin se odmítl hned oženit

"first I must build a palace fit for the princess"
"Nejdřív musím postavit palác vhodný pro princeznu"
and then he took his leave
a pak se rozloučil
Once home, he said to the genie:
Když byl doma, řekl džinovi:
"Build me a palace of the finest marble"
"Postav mi palác z nejlepšího mramoru"
"set the palace with jasper, agate, and other precious stones"
"osaďte palác jaspisem, achátem a dalšími drahými kameny"
"In the middle of the palace you shall build me a large hall with a dome"
"Uprostřed paláce mi postavíš velkou síň s kupolí."
"the four walls of the hall will be of masses of gold and silver"
"čtyři stěny sálu budou z masy zlata a stříbra"
"and each wall will have six windows"
"a každá stěna bude mít šest oken"
"and the lattices of the windows will be set with precious jewels"
"a mříže oken budou osazeny vzácnými drahokamy"
"but there must be one window that is not decorated"
"ale musí tam být jedno okno, které není zdobené"
"go see that it gets done!"
"Běž se podívat, že to bude hotové!"
The palace was finished by the next day
Palác byl do druhého dne hotový
the genie carried him to the new palace
džin ho odnesl do nového paláce
and he showed him how all his orders had been faithfully carried out
a ukázal mu, jak byly všechny jeho rozkazy věrně splněny
even a velvet carpet had been laid from Aladdin's palace to the Sultan's
dokonce i sametový koberec byl položen z Aladinova paláce do sultánova
Aladdin's mother then dressed herself carefully

Aladinova matka se pak pečlivě oblékla
and she walked to the palace with her servants
a šla do paláce se svými služebníky
and Aladdin followed her on horseback
a Aladdin ji následoval na koni
The Sultan sent musicians with trumpets and cymbals to meet them
Sultán jim naproti vyslal hudebníky s trubkami a činely
so the air resounded with music and cheers
takže vzduch zněl hudbou a jásotem
She was taken to the Princess, who saluted her
Byla odvedena k princezně, která ji zasalutovala
and she treated her with great honour
a chovala se k ní s velkou ctí
At night the Princess said good-bye to her father
V noci se princezna rozloučila se svým otcem
and she set out on the carpet for Aladdin's palace
a vydala se po koberci do Aladinova paláce
his mother was at her side
jeho matka byla po jejím boku
and they were followed by their entourage of servants
a za nimi následoval jejich doprovod sluhů
She was charmed at the sight of Aladdin
Pohled na Aladina ji okouzlil
and Aladdin ran to receive her into the palace
a Aladdin ji běžel přijmout do paláce
"Princess," he said, "blame your beauty for my boldness"
"Princezno," řekl, "obviň svou krásu z mé smělosti"
"I hope I have not displeased you"
"Doufám, že jsem tě nepotěšil"
she said she willingly obeyed her father in this matter
řekla, že svého otce v této věci ochotně poslechla
because she had seen that he is handsome
protože viděla, že je hezký
After the wedding had taken place Aladdin led her into the hall
Po svatbě ji Aladdin zavedl do síně

a great feast was spread out in the hall
v sále se rozprostřela velká hostina
and she supped with him
a večeřela s ním
after eating they danced till midnight
po jídle se tančilo až do půlnoci
The next day Aladdin invited the Sultan to see the palace
Další den Aladdin pozval sultána, aby si prohlédl palác
they entered the hall with the four-and-twenty windows
vstoupili do síně se čtyřmi dvaceti okny
the windows were decorated with rubies, diamonds, and emeralds
okna byla zdobena rubíny, diamanty a smaragdy
he cried, "The palace is one of the wonders of the world!"
zvolal: "Ten palác je jedním z divů světa!"
"There is only one thing that surprises me"
"Je jen jedna věc, která mě překvapuje"
"Was it by accident that one window was left unfinished?"
"Nebylo to náhodou, že jedno okno zůstalo nedokončené?"
"No, sir, it was done so by design," replied Aladdin
"Ne, pane, bylo to provedeno záměrně," odpověděl Aladdin
"I wished your Majesty to have the glory of finishing this palace"
"Přál jsem Vašemu Veličenstvu, aby mělo slávu dokončení tohoto paláce."
The Sultan was pleased to be given this honour
Sultán byl potěšen, že se mu dostalo této pocty
and he sent for the best jewellers in the city
a poslal pro nejlepší klenotníky ve městě
He showed them the unfinished window
Ukázal jim nedokončené okno
and he bade them to decorate the window like the others
a přikázal jim, aby ozdobili okno jako ostatní
"Sir," replied their spokesman
"Pane," odpověděl jejich mluvčí
"we cannot find enough jewels"
"nemůžeme najít dostatek šperků"

so the Sultan had his own jewels fetched
tak si sultán nechal vyzvednout své vlastní šperky
but those jewels were soon used up too
ale i ty šperky byly brzy spotřebovány
even after a month's time the work was not half done
ani po měsíci nebyla práce z poloviny hotová
Aladdin knew that their task was impossible
Aladdin věděl, že jejich úkol je nemožný
he bade them to undo their work
vyzval je, aby odvolali svou práci
and he bade them to carry the jewels back
a přikázal jim, aby odnesli drahokamy zpět
the genie finished the window at his command
džin na jeho příkaz dokončil okno
The Sultan was surprised to receive his jewels again
Sultán byl překvapen, když znovu dostal své drahokamy
he visited Aladdin, who showed him the finished window
navštívil Aladina, který mu ukázal hotové okno
and the Sultan embraced his son in law
a sultán objal svého zetě
meanwhile, the envious Vizier suspected the work of enchantment
mezitím závistivý vezír tušil dílo očarování
Aladdin had won the hearts of the people by his gentle manner
Aladdin si získal srdce lidí svým jemným chováním
He was made captain of the Sultan's armies
Stal se kapitánem sultánových armád
and he won several battles for his army
a pro svou armádu vyhrál několik bitev
but he remained as modest and courteous as before
ale zůstal stejně skromný a zdvořilý jako předtím
in this way he lived in peace and content for several years
takto žil několik let v míru a spokojenosti
But far away in Africa the magician remembered Aladdin
Ale daleko v Africe si kouzelník vzpomněl na Aladina
and by his magic arts he discovered Aladdin hadn't perished

in the cave
a svým magickým uměním zjistil, že Aladdin v jeskyni nezahynul
but instead of perishing, he had escaped and married the princess
ale místo toho, aby zahynul, utekl a oženil se s princeznou
and now he was living in great honour and wealth
a nyní žil ve velké cti a bohatství
He knew that the poor tailor's son could only have accomplished this by means of the magic lamp
Věděl, že syn nebohého krejčího toho mohl dosáhnout jedině pomocí kouzelné lampy
and he travelled night and day until he reached the city
a cestoval dnem i nocí, až došel do města
he was bent on making sure of Aladdin's ruin
byl odhodlaný zajistit Aladinovu zkázu
As he passed through the town he heard people talking
Když procházel městem, slyšel lidi mluvit
all they could talk about was the marvellous palace
jediné, o čem mohli mluvit, byl úžasný palác
"Forgive my ignorance," he asked
"Odpusť mi mou nevědomost," požádal
"what is this palace you speak of?"
"Co je to za palác, o kterém mluvíš?"
"Have you not heard of Prince Aladdin's palace?" was the reply
"Neslyšel jsi o paláci prince Aladina?" byla odpověď
"the palace is one of the greatest wonders of the world"
"palác je jedním z největších divů světa"
"I will direct you to the palace, if you would like to see it"
"Nasměruji vás do paláce, pokud ho chcete vidět."
The magician thanked him for bringing him to the palace
Kouzelník mu poděkoval, že ho přivedl do paláce
and having seen the palace, he knew that it had been built by the Genie of the Lamp
a když viděl palác, věděl, že ho postavil Džin lampy
this made him half mad with rage

to ho pološílelo vztekem
He was determined to get hold of the magic lamp
Byl rozhodnutý chytit kouzelnou lampu
and he was going to plunge Aladdin into the deepest poverty again
a chystal se znovu uvrhnout Aladina do nejhlubší chudoby
Unluckily, Aladdin had gone on a hunting trip for eight days
Naneštěstí se Aladdin vydal na osm dní na lov
this gave the magician plenty of time
to dalo kouzelníkovi spoustu času
He bought a dozen copper lamps
Koupil tucet měděných lamp
and he put the copper lamps into a basket
a vložil měděné lampy do koše
and then he went to the palace
a pak šel do paláce
"New lamps for old lamps!" he exclaimed
"Nové lampy za staré lampy!" zvolal
and he was followed by a jeering crowd
a za ním šel posměšný dav
The Princess was sitting in the hall of four-and-twenty windows
Princezna seděla v sále se čtyřmi a dvaceti okny
she sent a servant to find out what the noise was about
poslala sluhu, aby zjistil, o jaký hluk jde
the servant came back laughing so much that the Princess scolded her
sluha se vrátil s takovým smíchem, že ji princezna vyhubovala
"Madam," replied the servant
"Madam," odpověděl sluha
"who can help but laughing when you see such a thing?"
"Kdo se může smát, když vidíš něco takového?"
"an old fool is offering to exchange fine new lamps for old lamps"
"starý blázen nabízí výměnu krásných nových lamp za staré lampy"

Another servant, hearing this, spoke up
Když to slyšel další sluha, promluvil
"There is an old lamp on the cornice which he can have"
"Na římse je stará lampa, kterou může mít"
this, of course, was the magic lamp
tohle byla samozřejmě ta kouzelná lampa
Aladdin had left the magic lamp there, as he could not take it with him
Aladdin tam nechal kouzelnou lampu, protože si ji nemohl vzít s sebou
The Princess didn't know know the lamp's value
Princezna neznala cenu lampy
laughingly, she bade the servant to exchange the magic lamp
se smíchem nařídila sluhovi, aby vyměnil kouzelnou lampu
the servant took the lamp to the magician
sluha odnesl lampu kouzelníkovi
"Give me a new lamp for this lamp," she said
"Dejte mi novou lampu pro tuto lampu," řekla
He snatched the lamp and bade the servant to pick another lamp
Popadl lampu a přikázal sluhovi, aby si vybral jinou lampu
and the entire crowd jeered at the sight
a celý dav se tomu pohledu posmíval
but the magician cared little for the crowd
ale kouzelník se o dav málo staral
he left the crowd with the magic lamp he had set out to get
opustil dav s kouzelnou lampou, kterou se vydal získat
and he went out of the city gates to a lonely place
a vyšel z městských bran na opuštěné místo
there he remained till nightfall
tam zůstal až do noci
and at nightfall he pulled out the magic lamp and rubbed it
a za soumraku vytáhl kouzelnou lampu a otřel ji
The genie appeared to the magician
Kouzelníkovi se zjevil džin
and the magician made his command to the genie
a kouzelník vydal příkaz džinovi

"carry me, the princess, and the palace to a lonely place in Africa"
"Odnes mě, princeznu a palác na osamělé místo v Africe"
Next morning the Sultan looked out of the window toward Aladdin's palace
Druhý den ráno se sultán podíval z okna na Aladinův palác
and he rubbed his eyes when he saw the palace was gone
a promnul si oči, když viděl, že palác je pryč
He sent for the Vizier and asked what had become of the palace
Poslal pro vezíra a zeptal se, co se stalo s palácem
The Vizier looked out too, and was lost in astonishment
Vezír také vyhlédl ven a byl ztracen v úžasu
He again put the events down to enchantment
Znovu přiložil události k okouzlení
and this time the Sultan believed him
a tentokrát mu sultán uvěřil
he sent thirty men on horseback to fetch Aladdin in chains
poslal třicet mužů na koních, aby přivedli Aladina v řetězech
They met him riding home
Potkali ho na cestě domů
they bound him and forced him to go with them on foot
svázali ho a donutili ho jít s nimi pěšky
The people, however, who loved him, followed them to the palace
Lidé, kteří ho však milovali, je následovali do paláce
they would make sure that he came to no harm
postarají se, aby mu neublížil
He was carried before the Sultan
Byl nesen před sultánem
and the Sultan ordered the executioner to cut off his head
a sultán nařídil katovi, aby mu usekl hlavu
The executioner made Aladdin kneel down before a block of wood
Kat přiměl Aladina pokleknout před kus dřeva
he bandaged his eyes so that he could not see
zavázal si oči, aby neviděl

and he raised his scimitar to strike
a zvedl šavli, aby udeřil
At that instant the Vizier saw the crowd had forced their way into the courtyard
V tom okamžiku vezír viděl, že se dav protlačil na nádvoří
they were scaling the walls to rescue Aladdin
šplhali po stěnách, aby zachránili Aladina
so he called to the executioner to halt
tak zavolal na kata, aby zastavil
The people, indeed, looked so threatening that the Sultan gave way
Lidé skutečně vypadali tak hrozivě, že sultán ustoupil
and he ordered Aladdin to be unbound
a nařídil, aby byl Aladdin odvázán
he pardoned him in the sight of the crowd
před zraky davu ho omilostnil
Aladdin now begged to know what he had done
Aladdin nyní prosil, aby věděl, co udělal
"False wretch!" said the Sultan, "come thither"
"Falešný ubožáku!" řekl sultán, "pojď tam"
he showed him from the window the place where his palace had stood
ukázal mu z okna místo, kde stával jeho palác
Aladdin was so amazed that he could not say a word
Aladdin byl tak ohromen, že nebyl schopen říct ani slovo
"Where are my palace and my daughter?" demanded the Sultan
"Kde je můj palác a moje dcera?" žádal sultán
"For the palace I am not so deeply concerned"
"O palác se tak hluboce nezajímám"
"but my daughter I must have"
"ale svou dceru musím mít"
"and you must find her, or lose your head"
"a musíš ji najít, nebo ztratíš hlavu"
Aladdin begged to be granted forty days in which to find her
Aladdin prosil o čtyřicet dní, aby ji našel

he promised that if he failed he would return
slíbil, že pokud neuspěje, vrátí se
and on his return he would suffer death at the Sultan's pleasure
a po svém návratu by zemřel na sultánovo potěšení
His prayer was granted by the Sultan
Jeho modlitba byla vyslyšena sultánem
and he went forth sadly from the Sultan's presence
a smutně odešel ze sultánovy přítomnosti
For three days he wandered about like a madman
Tři dny bloudil jako blázen
he asked everyone what had become of his palace
zeptal se všech, co se stalo s jeho palácem
but they only laughed and pitied him
ale oni se mu jen smáli a litovali ho
He came to the banks of a river
Došel na břeh řeky
he knelt down to say his prayers before throwing himself in
poklekl, aby se pomodlil, než se vrhl dovnitř
In so doing he rubbed the magic ring he still wore
Přitom si promnul kouzelný prsten, který stále nosil
The genie he had seen in the cave appeared
Objevil se džin, kterého viděl v jeskyni
and he asked him what his will was
a zeptal se ho, jaká je jeho vůle
"Save my life, genie," said Aladdin
"Zachraňte mi život, džine," řekl Aladdin
"bring my palace back"
"přiveď můj palác zpět"
"That is not in my power," said the genie
"To není v mé moci," řekl džin
"I am only the Slave of the Ring"
"Jsem jen otrok prstenu"
"you must ask him for the magic lamp"
"musíš ho požádat o kouzelnou lampu"
"that might be true," said Aladdin
"To by mohla být pravda," řekl Aladdin

"but thou canst take me to the palace"
"ale můžeš mě vzít do paláce"
"set me down under my dear wife's window"
"postav mě pod okno mé drahé manželky"
He at once found himself in Africa
Okamžitě se ocitl v Africe
he was under the window of the Princess
byl pod oknem princezny
and he fell asleep out of sheer weariness
a usnul čirou únavou
He was awakened by the singing of the birds
Probudil ho zpěv ptáků
and his heart was lighter than it was before
a jeho srdce bylo lehčí než předtím
He saw that all his misfortunes were due to the loss of the magic lamp
Viděl, že všechna jeho neštěstí byla způsobena ztrátou kouzelné lampy
and he vainly wondered who had robbed him of his magic lamp
a marně přemýšlel, kdo ho okradl o jeho kouzelnou lampu
That morning the Princess rose earlier than she normally
Toho rána princezna vstala dříve než obvykle
once a day she was forced to endure the magicians company
jednou denně byla nucena snášet společnost kouzelníků
She, however, treated him very harshly
Ta se k němu však chovala velmi tvrdě
so he dared not live with her in the palace
takže se neodvážil žít s ní v paláci
As she was dressing, one of her women looked out and saw Aladdin
Když se oblékala, jedna z jejích žen vyhlédla ven a uviděla Aladina
The Princess ran and opened the window
Princezna běžela a otevřela okno
at the noise she made Aladdin looked up
na hluk, který způsobila, Aladdin vzhlédl

She called to him to come to her
Volala na něj, aby k ní přišel
it was a great joy for the lovers to see each other again
pro milence byla velká radost, že se znovu viděli
After he had kissed her Aladdin said:
Poté, co ji Aladdin políbil, řekl:
"I beg of you, Princess, in God's name"
"Prosím tě, princezno, ve jménu Boha"
"before we speak of anything else"
"než budeme mluvit o čemkoli jiném"
"for your own sake and mine"
"pro tvoje i moje dobro"
"tell me what has become of the old lamp"
"řekni mi, co se stalo se starou lampou"
"I left the lamp on the cornice in the hall of four-and-twenty windows"
"Nechal jsem lampu na římse v hale čtyři a dvacet oken"
"Alas!" she said, "I am the innocent cause of our sorrows"
"Běda!" řekla: "Jsem nevinná příčina našeho trápení"
and she told him of the exchange of the magic lamp
a řekla mu o výměně kouzelné lampy
"Now I know," cried Aladdin
"Teď už vím," zvolal Aladdin
"we have to thank the magician for this!"
"Za to musíme kouzelníkovi poděkovat!"
"Where is the magic lamp?"
"Kde je kouzelná lampa?"
"He carries the lamp about with him," said the Princess
"Nosí s sebou lampu," řekla princezna
"I know he carries the lamp with him"
"Vím, že lampu nosí s sebou"
"because he pulled the lamp out of his breast pocket to show me"
"protože vytáhl lampu z náprsní kapsy, aby mi ji ukázal"
"and he wishes me to break my faith with you and marry him"
"a přeje si, abych zlomil svou víru v tebe a vzal si ho"

"and he said you were beheaded by my father's command"
"a řekl, že jsi byl sťat na příkaz mého otce"
"He is always speaking ill of you"
"Vždy o tobě mluví špatně"
"but I only reply with my tears"
"ale odpovídám jen svými slzami"
"If I can persist, I doubt not"
"Pokud mohu vytrvat, nepochybuji"
"but he will use violence"
"ale použije násilí"
Aladdin comforted his wife
Aladdin utěšoval svou ženu
and he left her for a while
a na chvíli ji opustil
He changed clothes with the first person he met in town
Převlékl se s prvním člověkem, kterého ve městě potkal
and having bought a certain powder, he returned to the Princess
a když koupil jistý prášek, vrátil se k princezně
the Princess let him in by a little side door
princezna ho pustila dovnitř malými bočními dveřmi
"Put on your most beautiful dress," he said to her
"Obleč si své nejkrásnější šaty," řekl jí
"receive the magician with smiles today"
"přijměte dnes kouzelníka s úsměvem"
"lead him to believe that you have forgotten me"
"Přiveď ho, aby věřil, že jsi na mě zapomněl"
"Invite him to sup with you"
"Pozvi ho na večeři s tebou"
"and tell him you wish to taste the wine of his country"
"a řekni mu, že chceš ochutnat víno jeho země"
"He will be gone for some time"
"Bude nějakou dobu pryč"
"while he is gone I will tell you what to do"
"Až bude pryč, řeknu ti, co máš dělat"
She listened carefully to Aladdin
Pozorně poslouchala Aladina

and when he left she arrayed herself beautifully
a když odcházel, krásně se oblékla
she hadn't dressed like this since she had left her city
takhle se neoblékla od té doby, co opustila své město
She put on a girdle and head-dress of diamonds
Oblékla si opasek a čelenku z diamantů
she was more beautiful than ever
byla krásnější než kdy jindy
and she received the magician with a smile
a kouzelníka přijala s úsměvem
"I have made up my mind that Aladdin is dead"
"Rozhodl jsem se, že Aladdin je mrtvý."
"my tears will not bring him back to me"
"Moje slzy mi ho nevrátí"
"so I am resolved to mourn no more"
"takže jsem rozhodnutý už nebudu truchlit"
"therefore I invite you to sup with me"
"Proto tě zvu na večeři se mnou"
"but I am tired of the wines we have"
"ale jsem unavený z vín, která máme"
"I would like to taste the wines of Africa"
"Chtěl bych ochutnat vína z Afriky"
The magician ran to his cellar
Kouzelník běžel do svého sklepa
and the Princess put the powder Aladdin had given her in her cup
a princezna dala do šálku prášek, který jí dal Aladdin
When he returned she asked him to drink to her health
Když se vrátil, požádala ho, aby připil na její zdraví
and she handed him her cup in exchange for his
a ona mu podala svůj pohár výměnou za jeho
this was done as a sign to show she was reconciled to him
bylo to učiněno jako znamení, že je s ním smířená
Before drinking the magician made her a speech
Před pitím jí kouzelník promluvil
he wanted to praise her beauty
chtěl pochválit její krásu

but the Princess cut him short
ale princezna ho přerušila
"Let us drink first"
"Nejdřív se napijeme"
"and you shall say what you will afterwards"
"a potom řekneš, co budeš chtít"
She set her cup to her lips and kept it there
Přiložila si šálek ke rtům a nechala ho tam
the magician drained his cup to the dregs
kouzelník vypil svůj pohár do dna
and upon finishing his drink he fell back lifeless
a po dopití upadl zpět bez života
The Princess then opened the door to Aladdin
Princezna pak otevřela dveře Aladinovi
and she flung her arms round his neck
a objala ho kolem krku
but Aladdin asked her to leave him
ale Aladdin ji požádal, aby ho opustila
there was still more to be done
ještě bylo co dělat
He then went to the dead magician
Poté šel k mrtvému kouzelníkovi
and he took the lamp out of his vest
a vyňal lampu z vesty
he bade the genie to carry the palace back
přikázal džinovi, aby odnesl palác zpět
the Princess in her chamber only felt two little shocks
princezna ve své komnatě pocítila jen dva malé šoky
in little time she was at home again
za chvíli byla zase doma
The Sultan was sitting on his balcony
Sultán seděl na balkóně
he was mourning for his lost daughter
truchlil pro svou ztracenou dceru
he looked up and had to rub his eyes again
vzhlédl a musel si znovu promnout oči
the palace stood there as it had before

palác tam stál jako předtím
He hastened over to the palace to see his daughter
Spěchal do paláce, aby viděl svou dceru
Aladdin received him in the hall of the palace
Aladdin ho přijal v sále paláce
and the princess was at his side
a princezna byla po jeho boku
Aladdin told him what had happened
Aladdin mu řekl, co se stalo
and he showed him the dead body of the magician
a ukázal mu mrtvé tělo kouzelníka
so that the Sultan would believe him
aby mu sultán uvěřil
A ten days' feast was proclaimed
Byl vyhlášen desetidenní svátek
and it seemed as if Aladdin might now live the rest of his life in peace
a zdálo se, že Aladdin teď může prožít zbytek svého života v míru
but his life was not to be as peaceful as he had hoped
ale jeho život neměl být tak klidný, jak doufal
The African magician had a younger brother
Africký kouzelník měl mladšího bratra
he was maybe even more wicked and cunning than his brother
byl možná ještě horší a mazanější než jeho bratr
He travelled to Aladdin to avenge his brother's death
Cestoval do Aladina, aby pomstil smrt svého bratra
he went to visit a pious woman called Fatima
šel navštívit zbožnou ženu jménem Fatima
he thought she might be of use to him
myslel si, že by mu mohla být užitečná
He entered her cell and put a dagger to her breast
Vstoupil do její cely a přiložil jí dýku na prsa
then he told her to rise and do his bidding
pak jí řekl, aby vstala a splnila jeho příkazy
and if she didn't he said he would kill her

a pokud ne, řekl, že ji zabije
He changed his clothes with her
Převlékl se s ní
and he coloured his face like hers
a zbarvil si obličej jako ona
he put on her veil so that he looked just like her
nasadil jí závoj, takže vypadal úplně jako ona
and finally he murdered her despite her compliance
a nakonec ji zavraždil navzdory jejímu souhlasu
so that she could tell no tales
aby nemohla vyprávět pohádky
Then he went towards the palace of Aladdin
Pak se vydal směrem k Aladinovu paláci
all the people thought he was the holy woman
všichni lidé si mysleli, že je svatá žena
they gathered round him to kiss his hands
shromáždili se kolem něj, aby mu políbili ruce
and they begged for his blessing
a prosili o jeho požehnání
When he got to the palace there was a great commotion around him
Když se dostal do paláce, byl kolem něj velký rozruch
the princess wanted to know what all the noise was about
princezna chtěla vědět, o čem byl všechen ten hluk
so she bade her servant to look out of the window
tak přikázala svému sluhovi, aby se podíval z okna
and her servant asked what the noise was all about
a její sluha se zeptal, co je to za hluk
she found out it was the holy woman causing the commotion
zjistila, že to byla svatá žena, která způsobila rozruch
she was curing people of their ailments by touching them
léčila lidi z jejich nemocí tím, že se jich dotýkala
the Princess had long desired to see Fatima
princezna dlouho toužila vidět Fatimu
so she got her servant to ask her into the palace
tak přiměla svého sluhu, aby ji pozval do paláce
and the false Fatima accepted the offer into the palace

a falešná Fatima přijala nabídku do paláce
the magician offered up a prayer for her health and prosperity
kouzelník pronesl modlitbu za její zdraví a prosperitu
the Princess made him sit by her
princezna ho přinutila posadit se vedle ní
and she begged him to stay with her
a prosila ho, aby zůstal s ní
The false Fatima wished for nothing better
Falešná Fatima si nepřála nic lepšího
and she consented to the princess' wish
a ona souhlasila s princezniným přáním
but he kept his veil down
ale nechal si stažený závoj
because he knew that he would be discovered otherwise
protože věděl, že by byl odhalen jinak
The Princess showed him the hall
Princezna mu ukázala síň
and she asked him what he thought of the hall
a zeptala se ho, co si myslí o hale
"It is a truly beautiful hall," said the false Fatima
"Je to opravdu krásný sál," řekla falešná Fatima
"but in my mind your palace still wants one thing"
"ale v mé mysli tvůj palác stále chce jednu věc"
"And what is it that my palace is missing?" asked the Princess
"A co chybí mému paláci?" zeptala se princezna
"If only a Roc's egg were hung up from the middle of this dome"
"Kdyby se ze středu této kopule pověsilo Rocovo vejce"
"then your palace would be the wonder of the world," he said
"pak by se tvůj palác stal divem světa," řekl
After this the Princess could think of nothing but the Roc's egg
Poté princezna nemohla myslet na nic jiného než na Rocovo vejce

when Aladdin returned from hunting he found her in a very ill humour
když se Aladdin vrátil z lovu, našel ji ve velmi špatné náladě
He begged to know what was amiss
Prosil, aby věděl, co se stalo
and she told him what had spoiled her pleasure
a řekla mu, co jí zkazilo potěšení
"I'm made miserable for the want of a Roc's egg"
"Jsem nešťastný kvůli nedostatku Rocova vejce"
"If that is all you want you shall soon be happy," replied Aladdin
"Pokud je to vše, co chceš, budeš brzy šťastný," odpověděl Aladdin
he left her and rubbed the lamp
nechal ji a otřel lampu
when the genie appeared he commanded him to bring a Roc's egg
když se objevil džin, přikázal mu, aby přinesl Rocovo vejce
The genie gave such a loud and terrible shriek that the hall shook
Džin vydal tak hlasitý a strašlivý výkřik, až se síň otřásla
"Wretch!" he cried, "is it not enough that I have done everything for you?"
"Ubožák!" zvolal: "Nestačí, že jsem pro tebe udělal všechno?"
"but now you command me to bring my master"
"ale teď mi přikazuješ, abych přivedl svého pána"
"and you want me to hang him up in the midst of this dome"
"a chceš, abych ho pověsil uprostřed této kopule"
"You and your wife and your palace deserve to be burnt to ashes"
"Ty, tvá žena a tvůj palác si zasloužíš spálit na popel"
"but this request does not come from you"
"ale tato žádost nepochází od tebe"
"the demand comes from the brother of the magician"
"Požadavek pochází od bratra kouzelníka"
"the magician whom you have destroyed"
"kouzelník, kterého jsi zničil"

"He is now in your palace disguised as the holy woman"
"Nyní je ve vašem paláci převlečený za svatou ženu."
"the real holy woman he has already murdered"
"skutečnou svatou ženu, kterou už zavraždil"
"it was him who put that wish into your wife's head"
"Byl to on, kdo vložil to přání do hlavy tvé ženy"
"Take care of yourself, for he means to kill you"
"Dávej na sebe pozor, protože tě chce zabít."
upon saying this, the genie disappeared
když to řekl, džin zmizel
Aladdin went back to the Princess
Aladdin se vrátil k princezně
he told her that his head ached
řekl jí, že ho bolí hlava
so she requested the holy Fatima to be fetched
tak požádala, aby byla přivedena svatá Fatima
she could lay her hands on his head
mohla mu položit ruce na hlavu
and his headache would be cured by her powers
a jeho bolest hlavy by byla vyléčena jejími silami
when the magician came near Aladdin seized his dagger
když se kouzelník přiblížil, Aladdin se zmocnil jeho dýky
and he pierced him in the heart
a probodl ho do srdce
"What have you done?" cried the Princess
"Co jsi udělal?" vykřikla princezna
"You have killed the holy woman!"
"Zabil jsi svatou ženu!"
"It is not so," replied Aladdin
"Není to tak," odpověděl Aladdin
"I have killed a wicked magician"
"Zabil jsem zlého kouzelníka"
and he told her of how she had been deceived
a řekl jí, jak byla podvedena
After this Aladdin and his wife lived in peace
Poté Aladdin a jeho žena žili v míru
He succeeded the Sultan when he died

Nastoupil po sultánovi, když zemřel
he reigned over the kingdom for many years
vládl královstvím po mnoho let
and he left behind him a long lineage of kings
a zanechal za sebou dlouhou řadu králů

The End
Konec

www.ingramcontent.com/pod-product-compliance
Lightning Source LLC
Chambersburg PA
CBHW012010090526
44590CB00026B/3961